Quiches

Philippe Mérel

Photos : JEAN-BAPTISTE PELLERIN
Stylisme : DOMINIQUE TURBÉ

HACHETTE
Pratique

Sommaire

Signification des symboles

★ très facile   € bon marché

★★ facile   € € raisonnable

★★★ difficile   € € € cher

Quiche au crabe

pour **6 personnes** – préparation : **30 minutes** – cuisson : **50 minutes**

difficulté : ★ ★ – coût : € € €

- 1 rouleau de pâte brisée
- 300 g de chair égouttée de crabe en boîte
- 3 œufs
- 25 cl de crème fraîche épaisse
- 5 brins de persil
- 1 pincée de paprika doux
- Sel, poivre

1 Préchauffez le four à 210 °C (th. 7). Égouttez la chair de crabe dans une passoire. Lavez et hachez le persil.

2 Étalez la pâte brisée dans un moule et piquez le fond de tarte avec une fourchette. Faites-le cuire à blanc. Pour cela, couvrez votre fond de tarte d'une feuille de papier d'aluminium, puis remplissez le moule avec un légume sec (des haricots blancs, par exemple). Cela empêchera le fond de gonfler et les bords de s'affaisser. Enfournez le moule pour 15 min.

3 Pendant ce temps, cassez les œufs en séparant les blancs des jaunes. Battez les blancs en neige ferme.

4 Dans un saladier, mélangez la chair de crabe avec la crème fraîche et les jaunes d'œufs. Salez, poivrez, ajoutez le paprika et le persil haché.

5 Incorporez délicatement les blancs en neige à la préparation au crabe. Versez sur le fond de tarte, enfournez et faites cuire à 180 °C (th. 6) pendant 30 à 35 min.

Variante

Vous pouvez réaliser la même recette avec du thon en boîte et ajouter des morceaux d'olives vertes dénoyautées à la préparation.

Conseil

La précuisson rend la pâte de la quiche plus croustillante. Conservez les légumes secs pour une prochaine cuisson à blanc.

Quiche au saumon et au chèvre

pour **6 personnes** – préparation : **20 minutes** – cuisson : **50 minutes**
difficulté : ★★ – coût : € €

- 1 rouleau de pâte brisée
- 400 g de saumon frais
- 250 g de fromage de chèvre frais
- 4 œufs
- 20 cl de crème fraîche épaisse
- Sel, poivre

1 Préchauffez le four à 200 °C (th. 6-7). Étalez la pâte brisée dans un moule et piquez le fond de tarte en plusieurs endroits avec une fourchette. Faites-le cuire à blanc, au four, pendant 15 min (voir p. 4).

2 Dans un saladier, écrasez le fromage de chèvre frais à la fourchette. Ajoutez les œufs entiers et la crème fraîche, et mélangez. Salez et poivrez.

3 Détaillez les pavés de saumon frais en fines tranches. Disposez-les sur le fond de tarte. Versez dessus le mélange œufs-crème-fromage, glissez le moule dans le four et faites cuire à 180 °C (th. 6) pendant 35 min.

Variante
Vous pouvez également réaliser cette recette avec d'autres poissons tels que de la truite saumonée ou du cabillaud.

Quiche aux champignons et aux tomates séchées

pour **6 personnes** – préparation : **30 minutes** – cuisson : **45 minutes**
difficulté : ★★ – coût : € €

- 1 rouleau de pâte brisée
- 250 g de champignons de Paris
- 3 oignons blancs
- 2 cuil. à soupe d'huile d'olive
- 90 g de tomates séchées émincées dans l'huile
- 25 cl de crème fraîche épaisse
- 3 œufs
- 90 g de gruyère râpé
- Sel, poivre

1 Préchauffez le four à 180 °C (th. 6). Étalez la pâte brisée dans un moule à quiche. Piquez le fond de tarte en plusieurs endroits à l'aide d'une fourchette.

2 Lavez et émincez les champignons de Paris. Pelez et hachez les oignons blancs. Faites chauffer l'huile d'olive dans une poêle et faites-y revenir les oignons pendant 5 min. Ajoutez les champignons. Faites cuire à feu vif jusqu'à évaporation de l'eau des champignons. Enfin, ajoutez les tomates préalablement coupées en morceaux. Salez, poivrez et laissez en attente.

3 Dans un saladier, fouettez la crème fraîche et les œufs entiers pour obtenir un mélange homogène. Salez et poivrez légèrement.

4 Garnissez le fond de tarte avec la préparation aux champignons. Nappez-les du mélange œufs-crème fraîche. Couvrez avec le gruyère râpé.

5 Glissez le moule dans le four et faites cuire à 180 °C (th. 6) pendant 30 à 35 min, jusqu'à ce que la quiche soit bien dorée. Servez chaud ou tiède.

Variante
Selon votre goût, vous pouvez remplacer les champignons de Paris par des cèpes, des pleurotes ou encore des girolles.

Quiche aux courgettes

pour **6 personnes** – préparation : **30 minutes** – cuisson : **50 minutes**

difficulté : ★★ – coût : €

- 1 rouleau de pâte brisée
- 4 courgettes
- 3 œufs
- 20 cl de crème fraîche épaisse
- 1 cuil. à soupe d'huile d'olive
- 80 g de chapelure
- 2 cuil. à soupe de parmesan râpé
- 2 cuil. à soupe de basilic haché
- 1 pincée de noix muscade moulue
- Quelques gouttes de Tabasco
- Sel, poivre

1 Préchauffez le four à 180 °C (th. 6). Étalez la pâte brisée dans un moule à quiche. Piquez le fond de tarte en plusieurs endroits à l'aide d'une fourchette. Réservez au frais.

2 Lavez soigneusement les courgettes. Débitez-les en rondelles de 1 cm d'épaisseur. Faites-les blanchir 5 min dans une grande quantité d'eau bouillante salée. Rafraîchissez-les ensuite sous l'eau froide et égouttez-les.

3 Dans un saladier, mélangez les œufs entiers avec la crème fraîche et l'huile d'olive. Ajoutez la chapelure, le parmesan, le basilic, la noix muscade et quelques gouttes de Tabasco. Salez et poivrez.

4 Répartissez régulièrement les rondelles de courgette sur le fond de tarte. Couvrez-les avec le mélange œufs-crème fraîche.

5 Glissez le moule dans le four et faites cuire à 180 °C (th. 6) pendant 35 à 40 min. Au terme de la cuisson, laissez tiédir légèrement et servez.

Quiche aux légumes du Midi

pour **6 personnes** – préparation : **30 minutes** – cuisson : **50 minutes**

difficulté : ★★ – coût : €

- 1 rouleau de pâte feuilletée
- 4 tomates
- 2 petites aubergines
- 1 poivron rouge
- 1 poivron jaune
- 4 petites courgettes
- 2 gros oignons
- 2 gousses d'ail
- 1 pincée d'herbes de Provence
- 100 g de fromage frais de brebis
- 20 cl de crème fraîche épaisse

- 3 œufs
- 3 cuil. à soupe d'huile d'olive
- Sel, poivre

1 Préchauffez le four à 210 °C (th. 7). Pelez les tomates, ôtez les pépins et coupez-les en petits dés. Égouttez-les dans une passoire.

2 Lavez les légumes. Taillez en dés les poivrons épépinés, les courgettes et les aubergines. Dans une sauteuse, faites revenir successivement, à l'huile d'olive, les oignons émincés, les poivrons, les courgettes, les tomates concassées et enfin les aubergines. Rajoutez à chaque fois un peu d'huile. Retirez les légumes dès qu'ils sont bien colorés, et laissez-les tiédir.

3 Étalez la pâte feuilletée dans un moule à quiche. Piquez le fond de tarte à l'aide d'une fourchette. Mélangez aux légumes l'ail haché et les herbes de Provence.

4 Dans un saladier, écrasez à la fourchette le fromage de brebis frais. Ajoutez les œufs et la crème fraîche, et mélangez. Salez et poivrez.

5 Étalez les légumes sur le fond de tarte et couvrez-les avec la préparation au fromage de brebis. Enfournez et faites cuire à 210 °C (th. 7) pendant 35 à 40 min.

Variante

À défaut de fromage de brebis frais, vous pouvez utiliser de la feta (de brebis) mais, dans ce cas, faites attention à ne pas trop saler, la feta l'est suffisamment.

Quiche aux poireaux et magrets fumés

pour **6 personnes** – préparation : **30 minutes** – cuisson : **50 minutes**

difficulté : ★★ – coût :

- 1 rouleau de pâte brisée
- 5 blancs de poireau
- Environ 20 tranches de magret de canard fumé
- 25 cl de crème fraîche épaisse
- 4 œufs
- 3 cuil. à soupe d'huile d'olive
- Sel, poivre

1 Préchauffez le four à 210 °C (th. 7). Fendez les poireaux en deux dans la longueur. Lavez-les soigneusement, épongez-les puis émincez-les.

2 Faites chauffer l'huile d'olive dans une poêle et faites-y fondre les poireaux pendant 10 min. Lorsqu'ils sont tendres, égouttez-les dans une passoire si leur eau de cuisson n'est pas totalement évaporée.

3 Versez la crème fraîche dans un saladier, ajoutez les œufs entiers, du sel, du poivre, et fouettez jusqu'à l'obtention d'une préparation homogène.

4 Déroulez la pâte brisée dans un moule à tarte et piquez le fond avec une fourchette. Étalez les poireaux sur le fond de tarte. Répartissez les tranches de magret de canard sur les poireaux, puis couvrez avec la préparation aux œufs.

5 Glissez le moule dans le four et faites cuire à 210 °C (th. 7) pendant 30 à 35 min, jusqu'à ce que la quiche soit bien dorée. Servez tiède.

Quiche lorraine

pour **6 personnes** – préparation : **30 minutes** – cuisson : **50 minutes**
difficulté : ★★ – coût : €

• 1 rouleau de pâte brisée
• 100 g de poitrine fumée
• 100 g de gruyère râpé
• 25 cl de crème fraîche épaisse
• 2 œufs entiers + 2 jaunes
• 1 cuil. à soupe d'huile d'arachide
• 1 pincée de noix muscade moulue
• Sel, poivre

1 Préchauffez le four à th. 210 °C (th. 7). Déroulez la pâte brisée dans un moule à tarte et piquez le fond en plusieurs endroits à l'aide d'une fourchette.

2 Coupez la poitrine fumée en lardons. Mettez-les dans une casserole, couvrez d'eau froide et portez à ébullition. Laissez cuire 5 min, rafraîchissez-les sous l'eau froide puis égouttez.

3 Faites chauffer l'huile dans une poêle et faites-y dorer les lardons pendant 5 min (ils doivent rester moelleux, à peine croustillants), puis égouttez.

4 Dans un saladier, mélangez les œufs entiers, les jaunes et la crème fraîche. Salez, poivrez et parfumez avec la noix muscade.

5 Répartissez les lardons sur le fond de tarte. Couvrez avec la préparation aux œufs et parsemez de gruyère râpé. Enfournez la quiche à 210 °C (th. 7) et faites cuire pendant 30 à 35 min.

Quiche poivrons-lardons

pour **6 personnes** – préparation : **30 minutes** – cuisson : **1 heure 10**

difficulté : ★★ – coût : €

- 1 rouleau de pâte brisée
- 100 g de poitrine fumée
- 2 poivrons rouges
- 20 g de beurre
- 25 cl de crème fraîche épaisse
- 2 œufs entiers + 2 jaunes
- 100 g de gruyère râpé
- 1 cuil. à soupe d'huile d'olive
- 1 pincée de noix muscade moulue
- Sel, poivre

1 Préchauffez le four à 200 °C (th. 6-7). Étalez la pâte brisée dans un moule et piquez le fond de tarte avec une fourchette. Faites-le cuire à blanc, au four, pendant 15 min (voir p. 4).

2 Coupez la poitrine fumée en lardons. Mettez-les dans une casserole, couvrez d'eau froide et portez à ébullition. Laissez cuire 5 min, rafraîchissez-les sous l'eau froide, puis égouttez.

3 Faites chauffer le beurre dans une poêle et faites-y dorer les lardons 5 min (ils doivent rester moelleux, à peine croustillants), puis égouttez.

4 Lavez les poivrons. Ouvrez-les, retirez les graines et les parties blanches. Taillez-les

en lanières ou en dés. Faites chauffer l'huile d'olive dans une poêle et faites-y revenir les poivrons à feu vif pendant 5 min, puis retirez-les. Leur chair doit être tendre mais non brûlée.

5 Hors du feu, mélangez le fromage râpé, les lardons et les dés de poivron. Poivrez. Ne salez pas, les lardons le sont suffisamment.

6 Dans un saladier, mélangez les œufs entiers, les jaunes et la crème fraîche. Salez légèrement, poivrez et ajoutez la noix muscade.

7 Étalez la garniture sur le fond de tarte, puis couvrez avec la préparation aux œufs. Faites cuire 20 min à 200 °C (th. 6-7), puis réduisez la température à 180 °C (th. 6) et faites cuire encore 20 min.

Conseil

Pour une saveur plus prononcée, vous pouvez ajouter un peu de piment d'Espelette à la préparation.

Quiche safranée au jambon et à la tomate

pour **6 personnes** – préparation : **30 minutes** – cuisson : **55 minutes**
difficulté : ★★ – coût :

- 1 rouleau de pâte brisée
- 3 gros oignons
- 5 tomates moyennes bien mûres
- 150 g de lard fumé
- 150 g de dés de jambon
- 2 œufs entiers + 2 jaunes
- 40 cl de crème fraîche
- 20 g de beurre
- 1 dosette de filaments de safran

- 1 cuil. à soupe d'herbes fraîches (thym, ciboulette, persil)
- 1 pincée de noix muscade moulue
- Sel, poivre

1 Préchauffez le four à 200 °C (th 6-7). Déroulez la pâte brisée dans un moule à tarte et piquez le fond avec une fourchette.

2 Coupez la poitrine fumée en lardons. Mettez-les dans une casserole, couvrez d'eau froide et portez à ébullition. Laissez cuire 5 min, rafraîchissez-les sous l'eau froide, puis égouttez.

3 Épluchez les oignons, puis coupez-les en petits morceaux. Faites-les dorer doucement avec le beurre pendant 3 min. Ajoutez les lardons et faites dorer encore 5 min (ils doivent rester moelleux, à peine croustillants), puis égouttez. Réservez.

4 Pelez les tomates, c'est très facile quand elles sont bien mûres (sinon plongez-les 30 secondes dans une casserole d'eau bouillante et rafraîchissez-les sous l'eau froide). Ôtez les pépins et coupez-les en petits dés. Égouttez-les dans une passoire.

5 Dans un saladier, battez les œufs entiers et les jaunes avec la crème fraîche, le safran, les herbes fraîches et la noix muscade. Salez et poivrez.

6 Étalez le mélange oignons-lardons, les dés de jambon et les tomates sur le fond de tarte. Couvrez avec le mélange œufs-crème-épices et faites cuire 40 min à 180 °C (th. 6). Démoulez la tarte et servez sans attendre.

Conseil
Les filaments de safran sont assez onéreux, vous pouvez les remplacer par du safran en poudre ou du curry.

Quiche tomates-mozzarella-basilic

pour **6 personnes** – préparation : **30 minutes** – cuisson : **1 heure**
difficulté : ★★ – coût : € €

- 1 rouleau de pâte brisée
- 4 belles tomates
- 125 g de mozzarella fraîche
- 1 bouquet de basilic frais
- 3 œufs
- 20 cl de crème fraîche
- sel, poivre

1 Préchauffez le four à 200 °C (th. 6-7).
Étalez la pâte brisée dans un moule et piquez le fond de tarte avec une fourchette. Faites-le cuire à blanc, au four, pendant 15 min (voir p. 4).

2 Pelez les tomates, c'est très facile quand elles sont bien mûres (sinon plongez-les 30 secondes dans une casserole d'eau bouillante et rafraîchissez-les immédiatement sous l'eau froide). Ôtez les pépins. Égouttez-les dans une passoire. Découpez-les en morceaux et garnissez-en le fond de tarte.

3 Coupez la mozzarella en dés et disposez-les sur les tomates. Lavez le basilic sous l'eau froide. Épongez-le avec du papier absorbant, puis ciselez-le. Parsemez-le sur les tomates et la mozzarella.

4 Battez les œufs entiers et la crème fraîche dans un saladier, salez, poivrez et versez le mélange sur la garniture.

5 Glissez le moule dans le four et faites cuire à 200 °C (th. 6-7) pendant 40 min. Démoulez après avoir laissé légèrement tiédir.

Conseil
Si vous avez le choix, préférez la mozzarella au lait de bufflonne à celle au lait de vache, qui est beaucoup moins goûteuse.

Tarte à la fondue d'endives

pour **6 personnes** – préparation : **30 minutes** – cuisson : **1 heure**
difficulté : ★★ – coût : €

- 1 rouleau de pâte brisée
- 3 endives
- 2 oignons
- 1 cuil. à soupe d'huile d'olive
- 4 œufs
- 25 cl de crème fraîche
- 2 pincées de mélange d'épices cinq-parfums
- Sel, poivre

1 Préchauffez le four à 180 °C (th. 6). Déroulez la pâte brisée dans un moule à tarte et piquez le fond en plusieurs endroits avec une fourchette. Réservez.

2 Versez 50 cl d'eau dans une casserole. Ajoutez les endives et portez à ébullition. Baissez le feu, couvrez et laissez cuire 10 min à petits bouillons. Rafraîchissez les endives sous l'eau froide et égouttez-les. Éliminez la base des endives et coupez-les en lamelles.

3 Pelez, émincez les oignons et faites-les blondir dans une poêle avec l'huile d'olive.

4 Dans un saladier, battez les œufs et la crème fraîche. Salez, poivrez et ajoutez le mélange d'épices cinq-parfums.

5 Tapissez le fond de tarte avec les oignons et les endives, puis versez le mélange œufs-crème fraîche sur les légumes. Glissez le moule dans le four et faites cuire à 180 °C (th. 6) pendant 40 min.

Conseil
À défaut de mélange d'épices cinq-parfums, vous pouvez également utiliser 1 cuillerée à café de curry dans cette recette.

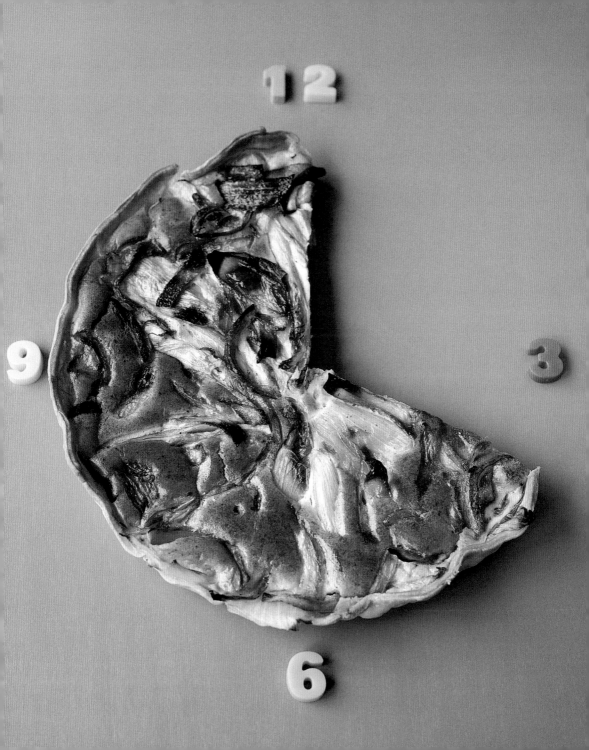

Tarte à la paysanne

pour **6 personnes** – préparation : **30 minutes** – cuisson : **1 heure**

difficulté : ★★ – coût : € €

- 1 rouleau de pâte brisée
- 100 g de jambon cru
- 1 poireau
- 400 g de champignons de Paris
- 100 g de comté
- 40 g de beurre
- 3 œufs
- 20 cl de crème fraîche
- Sel, poivre

1 Préchauffez le four à 180 °C (th. 6). Déroulez la pâte brisée dans un moule à tarte et piquez le fond avec une fourchette. Réservez.

2 Nettoyez soigneusement les champignons de Paris. Émincez-les. Coupez le poireau en deux dans la longueur. Lavez-le soigneusement, épongez-le, puis émincez-le.

3 Faites revenir le poireau et les champignons dans le beurre jusqu'à ce qu'ils soient tendres et que l'eau de cuisson soit évaporée. Ajoutez le jambon taillé en dés. Salez peu et poivrez.

4 Dans un saladier, battez ensemble les œufs, la crème fraîche et le comté finement râpé.

5 Répartissez la garniture sur le fond de tarte, puis versez dessus la crème aux œufs et au fromage. Faites cuire au four à 180 °C (th. 6) pendant 40 min et servez bien chaud.

Variante

Vous pouvez également réaliser cette recette avec d'autres variétés de champignons : des cèpes, des pleurotes ou encore des girolles.

Tarte à l'oignon

pour **6 personnes** – préparation : **30 minutes** – cuisson : **1 heure 20**

difficulté : ★★ – coût : €

- 1 rouleau de pâte brisée
- 1 kg d'oignons
- 125 g de poitrine fumée
- 2 cuil. à soupe d'huile végétale
- 10 g de beurre
- 3 œufs
- 30 cl de crème fraîche liquide
- 2 pincées de noix muscade moulue
- Sel, poivre

1 Épluchez les oignons et coupez-les en rondelles bien fines. Faites chauffer l'huile dans une grande poêle. Ajoutez les oignons et faites-les dorer doucement pendant 25 à 30 min. Ils doivent être légèrement caramélisés. Salez et poivrez généreusement.

2 Préchauffez le four à 210 °C (th. 7). Déroulez la pâte brisée dans un moule à tarte et piquez le fond avec une fourchette.

3 Coupez la poitrine fumée en lardons. Mettez-les dans une casserole, couvrez d'eau froide et portez à ébullition. Laissez cuire 5 min, rafraîchissez-les sous l'eau froide, puis égouttez.

4 Faites chauffer le beurre dans une poêle et faites-y dorer les lardons 5 min (ils doivent rester moelleux, à peine croustillants), puis égouttez.

5 Tapissez le fond de tarte avec les oignons et les lardons. Tassez bien la garniture avec le dos d'une cuillère.

6 Dans un saladier, battez les œufs en omelette avec la crème liquide et la noix muscade. Salez et poivrez. Versez sur la garniture. Enfournez et faites cuire à 210 °C (th. 7) pendant 40 min.

Variante

Pour cette recette, vous pouvez utiliser des oignons rouges. Leur saveur plus sucrée contrastera plus nettement avec le lard.

Tarte au beaufort

pour **6 personnes** – préparation : **30 minutes** – cuisson : **50 minutes**
difficulté : ★★ – coût : €€

• 1 rouleau de pâte brisée
• 500 g de beaufort
• 150 g de jambon de Savoie en tranches
• 25 cl de crème fraîche épaisse
• 15 cl de lait
• 3 œufs
• 1 pincée de noix muscade moulue
• Sel, poivre

1 Préchauffez le four à 180 °C (th. 6). Déroulez la pâte brisée dans un moule à tarte et piquez le fond avec une fourchette. Réservez.

2 Râpez le beaufort. Dans un saladier, battez ensemble les œufs, la crème fraîche, le lait et 400 g de beaufort. Salez et poivrez. Parfumez avec la noix muscade.

3 Répartissez les tranches de jambon de Savoie sur le fond de tarte. Couvrez avec la préparation aux œufs et au fromage. Dispersez le restant de beaufort sur la quiche.

4 Enfournez immédiatement et faites cuire pendant 50 min à 180 °C (th. 6). Démoulez la tarte et servez-la bien chaude, accompagnée d'une salade verte.

Tarte au bœuf haché et au curry

pour **6 personnes** – préparation : **30 minutes** – cuisson : **1 heure**
difficulté : ★★ – coût : 💶 💶

- 1 rouleau de pâte brisée
- 750 g de bœuf haché
- 150 g de petits pois écossés
- 50 g de raisins secs
- 2 oignons
- Le jus de 1 citron vert
- 2 œufs
- 20 cl de crème fraîche épaisse
- 1 cuil. à soupe de curry en poudre
- 2 cuil. à soupe d'huile d'olive
- Sel, poivre

Pour la sauce :
- 1 pot de yaourt nature battu
- Le jus de 1 citron vert
- 1 petit bouquet de coriandre

1 Mettez les raisins secs à tremper dans un bol d'eau bouillante pendant 15 min. Pendant ce temps, épluchez et hachez les oignons. Faites chauffer l'huile d'olive dans une poêle et faites-y revenir les oignons pendant 5 min. Ajoutez le curry, puis la viande hachée. Faites cuire 5 min à feu vif. Réservez.

2 Jetez les petits pois dans de l'eau bouillante salée et laissez-les cuire 5 min, puis égouttez-les.

3 Préchauffez le four à 180 °C (th. 6). Étalez la pâte brisée dans un moule et piquez le fond de tarte avec les dents d'une fourchette.

4 Dans un saladier, mélangez la viande avec la crème fraîche et les œufs entiers. Ajoutez les raisins secs égouttés, les petits pois et le jus de citron vert. Salez et poivrez. Versez cette préparation sur le fond de tarte et faites cuire au four à 180 °C (th. 6) pendant 35 min.

5 Lorsque la tarte est bien dorée, laissez-la tiédir quelques minutes. Servez-la avec la sauce que vous aurez préparée en mélangeant le yaourt nature, le jus de citron vert et la coriandre hachée.

Tarte au cresson et à la truite

pour **6 personnes** – préparation : **30 minutes** – cuisson : **1 heure**
difficulté : ★★ – coût : € €

- 1 rouleau de pâte brisée
- 2 truites saumonées sans la peau et préparées en filets
- 2 bottes de cresson
- Le jus de 1/2 citron jaune
- 3 œufs
- 30 cl de crème fraîche
- Sel, poivre

1 Préchauffez le four à 200 °C (th. 6-7). Nettoyez avec soin le cresson, lavez-le à l'eau vinaigrée et rincez-le bien à l'eau courante. Mettez le cresson dans le panier d'un autocuiseur au-dessus d'un fond d'eau et faites-le cuire 2 min à la vapeur. Rafraîchissez le cresson sous l'eau froide, égouttez-le et réduisez-le en purée à l'aide d'un mixeur.

2 Plongez les œufs dans une casserole d'eau froide. Portez à ébullition et faites-les cuire 10 min. Rafraîchissez-les sous l'eau froide. Ôtez les coquilles et hachez les œufs durs. Mélangez-les à la crème fraîche et ajoutez le jus de citron. Incorporez ce mélange à la purée de cresson, puis salez et poivrez.

3 Retirez les arêtes des filets de truite et coupez ces derniers en lamelles. Étalez la pâte brisée dans un moule à tarte et piquez le fond avec une fourchette.

4 Versez sur la pâte la moitié de la préparation au cresson, répartissez les filets de truite et couvrez avec la purée restante. Enfournez pour 40 min à 200 °C (th 6-7). Servez aussitôt.

Variante
Vous pouvez également réaliser cette recette avec du saumon frais ou du cabillaud. Si vous ne trouvez pas de cresson, remplacez-le par des épinards ou des blettes que vous préparerez de la même façon.

Tarte au chèvre et à la menthe

pour **6 personnes** – préparation : **30 minutes** – cuisson : **1 heure**

difficulté : ★★ – coût : €

- 1 rouleau de pâte brisée
- 750 g de pommes de terre
- 300 g de fromage de chèvre frais
- 1 gros bouquet de menthe
- 4 œufs
- 25 cl de crème fraîche liquide
- Sel, poivre

1 Lavez les pommes de terre. Faites-les cuire à la vapeur dans un autocuiseur, pendant 10 à 15 min, suivant leur taille. Elles doivent rester entières. Épluchez-les, puis coupez-les en rondelles.

2 Préchauffez le four à 200 °C (th. 6-7). Lavez et ciselez la menthe. Étalez la pâte brisée dans un moule à tarte et piquez le fond avec les dents d'une fourchette.

3 Dans un bol, écrasez le fromage de chèvre frais à la fourchette. Ajoutez les œufs entiers et la crème liquide. Battez le tout au fouet. Le mélange doit être homogène. Salez et poivrez. Ajoutez la menthe.

4 Tapissez le fond de tarte avec les pommes de terre. Versez dessus le mélange œufs-fromage-menthe. Faites cuire au four à 200 °C (th. 6-7) pendant environ 40 min.

Tarte au munster et au cumin

pour **6 personnes** – préparation : **20 minutes** – cuisson : **40 minutes**
difficulté : ★★ – coût : € €

- 1 rouleau de pâte brisée
- 250 g de munster
- 200 g de fromage blanc en faisselle
- 4 œufs
- 20 cl de crème fraîche
- 1 cuil. à soupe de graines de cumin
- Sel, poivre

1 Préchauffez le four à 210 °C (th. 7).
Détaillez le munster en tranches minces.

2 Dans un saladier battez ensemble le
fromage blanc, la crème fraîche et les
œufs. Ajoutez le cumin. Salez légèrement
et poivrez.

3 Abaissez la pâte dans un moule à tarte et
piquez le fond à la fourchette. Répartissez
la moitié des tranches de munster sur le fond
de tarte, versez la préparation aux œufs et
couvrez avec le reste du munster.

4 Glissez le moule dans le four et faites
cuire 40 min, à 210 °C (th. 7), jusqu'à ce
que le dessus soit bien doré. Laissez reposer
5 min avant de démouler, dégustez chaud.

Conseil
Si vous ne disposez pas de graines de cumin, vous pouvez ajouter 1 cuillerée à café de cumin en poudre
à l'appareil à quiche.

Tarte au poulet et aux champignons

pour **6 personnes** – préparation : **30 minutes** – cuisson : **1 heure**

difficulté : ★★ – coût : € €

- 1 rouleau de pâte feuilletée
- 3 blancs de poulet
- 300 g de champignons de Paris
- 2 échalotes
- 5 brins de persil
- 30 g de beurre
- 1 citron non traité
- 1 cuil. à soupe d'huile végétale
- 3 œufs
- 25 cl de crème fraîche
- 100 g de gruyère râpé
- 2 pincées de noix muscade
- Sel, poivre

1 Lavez le citron. Prélevez-en le zeste et pressez le jus. Coupez les blancs de poulet en petits dés. Versez dessus le jus et le zeste de citron. Ajoutez l'huile. Salez et poivrez. Mélangez. Réservez au frais.

2 Préchauffez le four à 210 °C (th. 7). Déroulez la pâte dans un moule à tarte et piquez le fond avec une fourchette. Faites-le cuire à blanc (voir p. 4) pendant 10 min.

3 Lavez et ciselez le persil. Pelez et émincez les échalotes. Coupez la base terreuse des champignons. Passez-les rapidement sous l'eau et émincez-les.

4 Faites fondre le beurre dans une poêle. Ajoutez les dés de poulet égouttés, faites-les dorer à feu vif pendant 5 min, puis retirez-les de la poêle.

5 Dans la même poêle, mettez à fondre les échalotes. Dès qu'elles sont translucides, ajoutez les champignons. Faites-les cuire 5 min à feu vif. Retirez éventuellement l'eau de cuisson qui ne se serait pas évaporée. Salez et poivrez.

6 Dans un bol, battez les œufs avec la crème fraîche, le persil et la noix muscade. Salez et poivrez.

7 Tapissez le fond de la tarte de gruyère râpé. Parsemez de dés de poulet. Couvrez avec les champignons à l'échalote. Versez dessus le mélange œufs-crème fraîche. Enfournez et faites cuire à 210 °C (th. 7) pendant 30 à 35 min.

Tarte au saumon et au cheddar

pour **6 personnes** – préparation : **20 minutes** – cuisson : **35 minutes**
difficulté : ★★ – coût : € €

- 1 rouleau de pâte feuilletée
- 4 tranches de saumon fumé
- 300 g de cheddar
- 1 bouquet de ciboulette
- 3 œufs
- 25 cl de crème fraîche épaisse
- Sel, poivre

1 Préchauffez le four à 210 °C (th. 7).
Abaissez la pâte feuilletée dans un moule à tarte. Piquez la pâte en plusieurs endroits avec une fourchette. Réservez-la au réfrigérateur.

2 Coupez le cheddar en tranches, puis tapissez la pâte feuilletée avec le fromage. Recouvrez-le avec les tranches de saumon fumé.

3 Dans un saladier, battez les œufs et la crème fraîche épaisse jusqu'à ce que le mélange soit bien homogène. Salez légèrement et poivrez.

4 Lavez la ciboulette. Ciselez-la finement, ajoutez-la à la préparation aux œufs et mélangez bien. Versez la préparation sur le saumon et le cheddar. Enfournez la tarte pour 35 min à 210 °C (th. 7).

Tarte au thon

pour **6 personnes** – préparation : **20 minutes** – cuisson : **35 minutes**
difficulté : ★★ – coût : 💶 💶

- 1 rouleau de pâte feuilletée
- 1 grosse boîte de thon au naturel (250-300 g égoutté)
- 3 tomates
- 4 ou 5 cuil. à soupe de moutarde de Dijon
- 3 œufs
- 25 cl de crème fraîche
- Sel, poivre

1 Préchauffez le four à 210 °C (th. 7). Abaissez la pâte feuilletée dans un moule à tarte. Piquez la pâte en plusieurs endroits avec une fourchette. Réservez-la au réfrigérateur.

2 Lavez les tomates, coupez-les en fines rondelles et laissez-les égoutter dans une passoire.

3 Badigeonnez le fond de la tarte d'une couche de moutarde. Émiettez le thon sur la moutarde. Disposez ensuite les rondelles de tomate sur le thon. Salez légèrement et poivrez.

4 Dans un bol, battez les œufs en omelette. Ajoutez la crème fraîche et battez jusqu'à ce que le mélange soit homogène. Salez légèrement et poivrez. Versez la préparation sur la garniture. Enfournez et faites cuire 35 min à 210 °C (th. 7).

Variante
Pour cette recette, vous pouvez aussi utiliser de la moutarde à l'ancienne qui apportera une note un peu plus acidulée à votre tarte.

Conseil
N'hésitez pas à ajouter des morceaux d'olives vertes à cette recette, leur parfum se marie parfaitement avec les saveurs du thon.

Tarte aux trois fromages

pour **6 personnes** – préparation : **20 minutes** – cuisson : **35 minutes**

difficulté : ★★ – coût : € €

- 1 rouleau de pâte feuilletée
- 100 g de beaufort
- 100 g de comté
- 100 g d'emmenthal
- 4 œufs
- 35 cl de crème fraîche liquide
- 1 pincée de noix muscade moulue
- Sel, poivre

1 Préchauffez le four à 210 °C (th. 7). Abaissez la pâte feuilletée dans un moule à tarte. Piquez la pâte avec les dents d'une fourchette. Réservez-la au réfrigérateur.

2 Râpez le comté, le beaufort et l'emmenthal. Dans un saladier, battez les œufs, ajoutez la crème liquide et les fromages râpés. Mélangez bien. Salez légèrement et poivrez généreusement la préparation. Parfumez-la avec la noix muscade.

3 Versez la préparation dans le moule, enfournez et faites cuire à 210 °C (th. 7) pendant 35 min.

Variante

Pour cette recette, vous pouvez remplacer l'emmenthal par d'autres fromages, tels que le roquefort ou le gorgonzola, qui renforceront le goût de cette tarte.

Tarte aux épinards et au saumon

pour **6 personnes** – préparation : **30 minutes** – cuisson : **1 heure**

difficulté : ★★ – coût : €€

- 1 rouleau de pâte brisée
- 4 tranches de saumon fumé
- 400 g de pousses d'épinards
- 1 oignon
- 20 g de beurre
- 2 œufs
- 25 cl de crème fraîche
- 1 pincée de noix muscade moulue
- Sel, poivre

1 Préchauffez le four à 200 °C (th. 6-7). Déroulez la pâte brisée dans un moule et piquez le fond de tarte avec une fourchette. Faites-le cuire à blanc, au four, pendant 15 min (voir p. 4).

2 Lavez, puis égouttez les épinards. Équeutez-les. Pelez et émincez l'oignon. Faites chauffer le beurre dans une poêle, ajoutez l'oignon et faites-le cuire jusqu'à ce qu'il devienne translucide. Ajoutez les épinards. Faites-les revenir 5 min. Salez légèrement et parfumez avec la pointe de noix muscade. Réservez.

3 Dans un bol, battez les œufs avec la crème fraîche. Salez légèrement, poivrez généreusement.

4 Tapissez le fond de tarte avec les tranches de saumon fumé. Recouvrez-les avec la fondue d'épinards, puis versez dessus la préparation aux œufs. Glissez la tarte dans le four et faites cuire à 200 °C (th. 6-7) pendant 35 min.

Variante

Pour cette recette, vous pouvez aussi remplacer les épinards par du cresson ou des blettes que vous préparerez de la même façon.

Tarte aux noix de Saint-Jacques

pour **6 personnes** – préparation : **30 minutes** – cuisson : **50 minutes**
difficulté : ★★ – coût : € € €

- 1 rouleau de pâte brisée
- 3 blancs de poireau
- 18 noix de Saint-Jacques
- 40 g de beurre
- 30 cl de crème fraîche liquide
- 3 œufs
- 2 pincées de noix muscade moulue
- Sel, poivre

1 Préchauffez le four à 210 °C (th. 7). Déroulez la pâte brisée dans un moule à tarte et piquez le fond avec une fourchette.

2 Coupez les blancs de poireau dans le sens de la longueur, lavez-les à l'eau courante. Égouttez-les et coupez-les en rondelles.

3 Dans une poêle, faites fondre le beurre. Ajoutez les blancs de poireau. Faites-les cuire 10 min jusqu'à ce qu'ils soient bien tendres. Salez et poivrez. Éliminez, si nécessaire, l'eau de cuisson qui ne s'est pas évaporée. Réservez.

4 Dans un saladier, battez les œufs en omelette avec la crème liquide et la noix muscade. Salez et poivrez.

5 Répartissez les noix de Saint-Jacques sur le fond de tarte. Couvrez-les avec les poireaux cuits, puis versez sur le tout l'appareil à quiche. Enfournez et faites cuire à 210 °C (th. 7) pendant 30 à 35 min.

Conseil
Vous pouvez utiliser pour cette recette des noix de Saint-Jacques surgelées.

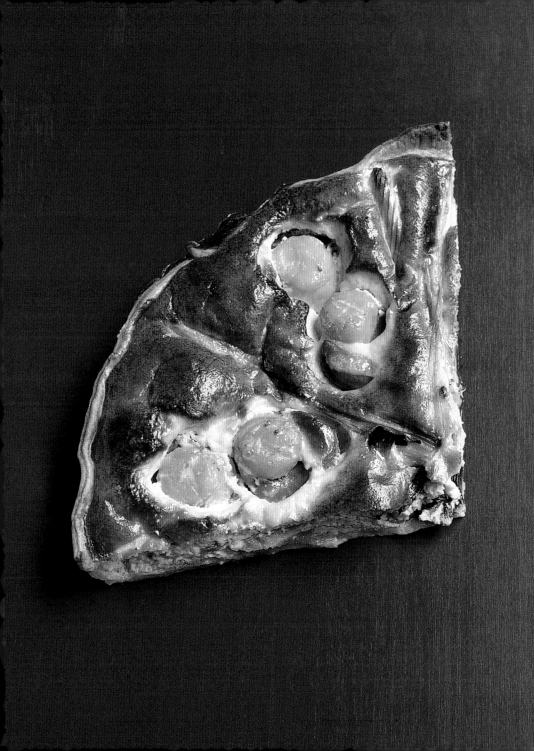

Tarte aux poireaux et au lard

pour **6 personnes** – préparation : **30 minutes** – cuisson : **1 heure**

difficulté : ★★ – coût : €

- 1 rouleau de pâte feuilletée
- 4 gros poireaux
- 150 g de poitrine fumée tranchée
- 30 g de beurre
- 25 cl crème fraîche épaisse
- 3 œufs
- 1 pincée de noix muscade moulue
- Sel, poivre

1 Préchauffez le four à 210 °C (th. 7). Déroulez la pâte feuilletée dans un moule à tarte. Piquez le fond de tarte avec une fourchette. Réservez-la au réfrigérateur.

2 Éliminez le vert des poireaux. Coupez les blancs dans le sens de la longueur, lavez-les à l'eau courante. Égouttez-les et débitez-les en rondelles. Taillez les tranches de poitrine fumée en lardons.

3 Faites chauffer le beurre dans une poêle et faites fondre les poireaux pendant 10 min, à découvert, en veillant bien à ce qu'ils ne brûlent pas. Ajoutez les lardons aux poireaux et poursuivez la cuisson pendant 10 min. Égouttez si l'eau de cuisson n'est pas complètement évaporée. Réservez.

4 Dans un saladier, mélangez les œufs entiers avec la crème fraîche. Salez, poivrez et parfumez avec la noix muscade.

5 Répartissez le mélange de poireaux et de lardons sur la pâte à tarte. Couvrez avec l'appareil à quiche. Faites cuire au four à 210 °C (th. 7), pendant 30 à 35 min, jusqu'à ce que la tarte soit dorée. Servez chaud.

Tarte chaude à la moutarde

pour **6 personnes** – préparation : **20 minutes** – cuisson : **30 minutes**
difficulté : ★★ – coût : €

- 1 rouleau de pâte feuilletée
- 3 tomates
- 4 ou 5 cuil. à soupe de moutarde de Dijon
- 2 tranches de jambon blanc
- 200 g de gruyère râpé
- 20 cl de crème fraîche
- 2 œufs
- Sel, poivre

1 Préchauffez le four à 210 °C (th. 7). Déroulez la pâte feuilletée dans un moule à tarte. Piquez le fond de tarte avec les dents d'une fourchette. Réservez-la au réfrigérateur.

2 Tranchez finement les tomates. Faites-les égoutter quelques minutes dans une passoire.

3 Badigeonnez le fond de la tarte avec la moutarde. Posez par-dessus le jambon de façon à recouvrir toute la surface. Disposez les rondelles de tomate sur le jambon.

4 Dans un saladier, mélangez la crème fraîche, les œufs et le gruyère râpé. Salez et poivrez. Versez la préparation sur la garniture. Enfournez à 210 °C (th. 7) et faites cuire pendant environ 30 min.

Variantes

Pour cette recette, vous pouvez également utiliser de la moutarde à l'ancienne qui apportera une note un peu plus acidulée à votre tarte.

Vous pouvez également remplacer le jambon blanc par du jambon séché ou fumé. Dans ce cas, ne salez pas trop l'appareil à quiche, le jambon l'est suffisamment.

Tarte chèvre-tomates

pour **6 personnes** – préparation : **30 minutes** – cuisson : **50 minutes**
difficulté : ★★ – coût : €

- 1 rouleau de pâte brisée
- 4 belles tomates
- 150 g de fromage de chèvre en bûche
- 3 œufs
- 20 cl de crème fraîche liquide
- 2 cuil. à soupe d'huile d'olive
- Sel, poivre

1 Préchauffez le four à 200 °C (th. 6-7). Déroulez la pâte brisée dans un moule à tarte et piquez le fond avec une fourchette. Faites-le cuire à blanc, au four, pendant 15 min (voir p. 4).

2 Lavez les tomates. Coupez-les en rondelles épaisses et retirez les pépins. Coupez le fromage de chèvre en rondelles.

3 Dans un saladier, battez ensemble les œufs, la crème liquide et l'huile d'olive. Salez et poivrez le mélange.

4 Tapissez le fond de la tarte de rondelles de tomate et de fromage de chèvre. Versez dessus l'appareil à quiche. Faites cuire au four à 200 °C (th. 6-7) pendant 35 min.

Tarte courgettes-feta-tomates

pour **6 personnes** – préparation : **30 minutes** – cuisson : **45 minutes**
difficulté : ★ ★ – coût : 🇪

- 1 rouleau de pâte feuilletée
- 2 courgettes moyennes
- 3 tomates
- 200 g de feta au lait de brebis
- 20 cl de crème fraîche
- 3 œufs
- 1 cuil. à soupe d'huile d'olive
- 1 petit bouquet de basilic frais
- 1 pincée de noix muscade moulue
- Sel, poivre

1 Préchauffez le four à 210 °C (th. 7). Déroulez la pâte feuilletée dans un moule à tarte. Piquez le fond de tarte avec une fourchette. Réservez-la au réfrigérateur.

2 Lavez les courgettes. Coupez-les en rondelles de 1 cm d'épaisseur environ et plongez-les pour 5 min dans une casserole d'eau bouillante salée. Rafraîchissez-les sous l'eau froide et égouttez. Réservez. Coupez les tomates en quatre. Éliminez leurs pépins et faites-les égoutter quelques minutes dans une passoire.

3 Couvrez le fond de tarte avec les rondelles de courgette, puis avec la feta coupée en gros dés. Posez ensuite par-dessus quelques quartiers de tomate.

4 Dans un saladier, mélangez la crème fraîche, les œufs entiers et l'huile d'olive. Salez, poivrez et parfumez avec la noix muscade. Ajoutez le basilic que vous aurez préalablement lavé et ciselé.

5 Versez la préparation aux œufs sur la garniture. Glissez ensuite la tarte dans le four et faites-la cuire à 210 °C (th. 7) pendant environ 35 min.

Tarte poulet-curry-tomates

pour **6 personnes** – préparation : **30 minutes** – repos : **30 minutes** – cuisson : **50 minutes**

difficulté : ★★ – coût :

- 1 rouleau de pâte feuilletée
- 300 g de blanc de poulet
- 2 petites courgettes fermes
- 3 tomates
- 2 cuil. à soupe de curry
- Le jus de 1/2 citron jaune
- 1 cuil. à soupe de sauce de soja
- 20 cl de crème fraîche
- 3 œufs
- Sel, poivre

1 Détaillez le blanc de poulet en fines lamelles ou en dés. Dans un saladier, couvrez-les de la poudre de curry. Ajoutez le jus du demi-citron et la sauce de soja. Mélangez bien, puis couvrez d'un film alimentaire et gardez au réfrigérateur au moins 30 min.

2 Lavez les courgettes. Coupez-les en rondelles de 1 cm d'épaisseur environ et plongez-les 5 min dans une casserole d'eau bouillante salée. Rafraîchissez-les sous l'eau froide et égouttez-les. Réservez. Lavez les tomates et coupez-les en quatre. Éliminez leurs pépins et faites-les égoutter quelques minutes. Réservez.

3 Préchauffez le four à 210 °C (th. 7). Déroulez la pâte feuilletée dans un moule à tarte. Piquez le fond de tarte avec une fourchette. Réservez-la au réfrigérateur.

4 Faites chauffer une poêle antiadhésive. Faites-y revenir le poulet à feu vif pendant 5 min. Veillez à ce que les morceaux soient bien dissociés les uns des autres et qu'ils soient bien dorés. Procédez éventuellement en plusieurs fois.

5 Couvrez le fond de tarte avec les morceaux de poulet cuits et les rondelles de courgette. Posez par-dessus les quartiers de tomate.

6 Dans un saladier, mélangez la crème fraîche et les œufs. Salez et poivrez. Versez la préparation sur la garniture. Faites la cuire au four à 210 °C (th. 7) pendant environ 35 min.

Tourte flamande

pour **6 personnes** – préparation : **30 minutes** – cuisson : **1 heure**
difficulté : ★★ – coût : € €

- 1 rouleau de pâte brisée
- 2 poireaux
- 2 oignons
- 200 g de poitrine fumée
- 1 maroilles
- 30 g de beurre
- 3 œufs
- 20 cl de crème fraîche
- 2 pincées de noix muscade moulue
- Sel, poivre

1 Préchauffez le four à 180 °C (th. 6). Déroulez la pâte brisée dans un moule à tarte et piquez le fond avec une fourchette. Réservez.

2 Éliminez le vert des poireaux. Coupez les blancs de poireau dans le sens de la longueur, lavez-les à l'eau courante. Égouttez-les et coupez-les en rondelles. Épluchez et émincez les oignons. Dans une poêle, faites fondre les poireaux et les oignons avec le beurre pendant 10 min, à découvert, en veillant à ce qu'ils ne brûlent pas.

3 Coupez la poitrine fumée en lardons. Mettez-les dans une casserole, couvrez d'eau froide et portez à ébullition. Laissez cuire 5 min, rafraîchissez-les sous l'eau froide, puis égouttez. Ajoutez les lardons aux oignons et aux poireaux. Faites cuire encore 5 min. Éliminez, si nécessaire, l'eau de cuisson qui ne s'est pas évaporée. Réservez.

4 Coupez le maroilles en lamelles en gardant la croûte. Dans un saladier, mélangez les œufs, la crème fraîche et la noix muscade. Salez et poivrez.

5 Répartissez la garniture d'oignons, de poireaux et de lardons sur le fond de tarte. Couvrez des lamelles de maroilles. Versez dessus l'appareil à quiche. Enfournez à 180 °C (th. 6) pour 35 à 40 min.

Remerciements
Dominique Turbé remercie les boutiques
Coming B : 65, rue du Bac, 75007 Paris (01.42.84.91.81), pour les fonds en bois de couleurs
pp. 5, 11, 13, 15, 25, 27, 29, 35, 51
Linvosges : 33-35, rue Nicolo, 75016 Paris (01.45.04.77.05) pour les nappes pp. 41, 59
Casa : 92, rue Saint-Lazare, 75009 Paris (01.49.70.01.90) pp. 9, 13, 21, 35, 53
Virebent : porcelaine.virebent.France@wanadoo.fr (01.48.06.44.17) pour la vaisselle pp. 47, 57
Mokuba : 18, rue Montmartre, 75001 Paris (01.40.13.81.41) pour tous les rubans
Azag : 9, rue Miron, 75004 Paris (01.48.04.08.18) pour le set de table p. 33

L'éditeur remercie Gaëlle Moreno pour son aide précieuse.

Direction : Stephen Bateman
Direction éditoriale : Pierre-Jean Furet
Édition : Christine Martin
Correction : Mireille Touret
Conception intérieure : Dune Lunel
Réalisation intérieure : MCP
Couverture : Nicole Dassonville
Fabrication : Claire Leleu

Dépôt légal : juin 2006
ISBN : 2-01-62-0935-6
62-66-0935-05-7

Impression : G. Canale & C.S.p.A., Turin (Italie).